**Bibliografische Information der Deutschen Nationalbibliothek:**

Die Deutsche Bibliothek verzeichnet diese Publikation in der Deutschen National-
bibliografie; detaillierte bibliografische Daten sind im Internet über http://dnb.d-
nb.de/ abrufbar.

**Impressum:**

Copyright © 2012 GRIN Verlag, Open Publishing GmbH
Druck und Bindung: Books on Demand GmbH, Norderstedt Germany
ISBN: 978-3-656-90655-1

**Dieses Buch bei GRIN:**

http://www.grin.com/de/e-book/289239/der-outsourcing-prozess-definition-chancen-
und-relevanz-der-dienstleisterauswahl

Franziska Stallmann

# Der Outsourcing-Prozess. Definition, Chancen und Relevanz der Dienstleisterauswahl beim Outsourcing

GRIN Verlag

# Der Outsourcing-Prozess. Definition, Chancen und Relevanz der Dienstleisterauswahl beim Outsourcing

Vorgelegt von: Franziska Stallmann

# Inhalt

# 1. Outsourcing

Das Outsourcing von Logistikdienstleistungen hat in den letzten Jahren nicht nur im Bereich des E-Commerce, sondern auch im Allgemeinen stetig an Bedeutung im Hinblick auf die innerbetriebliche sowie unternehmensübergreifende Wertschöpfung gewonnen. Logistikdienstleister sind daher heute mehr denn je dazu aufgefordert, ausgehend von den klassischen TUL-Funktionen zusätzliche Aufgabenbereiche, administrative Prozesse und die Optimierung der überbetrieblichen Prozesse zu übernehmen. Während Adam Smith in seinem Werk „Wohlstand der Nationen" bereits zum Ende des 18.Jahrhunderts die Produktivitätssteigerung als direkte Folge von Aufgabenteilung und Spezialisierung der Mitarbeiter belegte, auf dessen Prinzip auch das Outsourcing basiert, liegt der Ursprung von Outsourcing im heutigen Sinne in den 80er Jahren.[1] Vorangetrieben durch die Reduktion der Fertigungs- bzw. Leistungstiefe und das damit einhergehende Supply-Chain Management der Automobil- und Zulieferindustrie hat sich das Bewusstsein dafür, dass die Fremdvergabe logistischer Dienstleistungen an externe Spezialisten langfristige Wettbewerbsvorteile hervorbringen kann, sofern es sich nicht um Kernkompetenzbereiche des auslagernden Unternehmens handelt, auch in anderen Branchen durchgesetzt. Mit der zunehmenden Nachfrage nach externen Spezialisten und der erhöhten Komplexität der auszulagernden Aufgabenbereiche geht in der Literatur auch eine zunehmende terminologische und definitorische Klassifizierung des Outsourcing-Begriffs einher.[2] Darüber hinaus haben sich die Gründe, aus denen sich Unternehmen für die Fremdvergabe logistischer Dienstleistungen entscheiden, von der reinen Kostenperspektive auf zahlreiche andere Faktoren erweitert. Daher werden im Folgenden zunächst eine Definition des Outsourcing-Begriffs allgemein, sowie eine Klassifizierung verschiedener Outsourcing-Formen vorgenommen, um darauf aufbauend die grundsätzlichen Beweggründe, Chancen und Risiken des Outsourcings von Logistikdienstleistungen aufzuzeigen. Dieses Kapitel schließt mit der Darstellung eines idealtypischen Outsourcing-Prozesses, der die Grundlage für das in Kapital fünf analysierte Outsourcing von Fulfillment-Dienstleistungen bildet und schematisch aufzeigt, in welchen Prozessschritten jeweils eine Evaluation der Fulfillment-Anbieter zu erfolgen hat.

---

[1] Vgl.: Hermes, H. J./ Schwarz, G. [2005], S. 19
[2] Vgl.: Barrar, P./ Gervais, R. [2006], S.18

2

## 1.1 Definition und Abgrenzung des Outsourcing-Begriffs

Der Begriff „Outsourcing" ist eine aus dem angloamerikanischen Raum stammende Wortschöpfung, die die drei Begriffe „outside", „resource" und „using" in sich vereint und damit im grundlegenden Sinne die Inanspruchnahme externer Quellen bezeichnet.[3] Diese Übersetzung allein ist allerdings unzureichend, um der Komplexität und Vielschichtigkeit des Outsourcings gegenüber vergleichsweise einfachen Einkaufsentscheidungen gerecht zu werden. Daher existiert in der Literatur eine Vielzahl von Definitionen, die dieses Phänomen greifbar machen sollen. Ein Konsens darüber, welchen Prämissen die Inanspruchnahme externer Ressourcen unterliegt, um als Outsourcing betitelt zu werden und welche Terminologie beispielsweise in Abgrenzung zum „Subcontracting", „Farming out" oder zur „Desintegration" Gültigkeit hat, liegt bis heute allerdings nicht vor.

So definiert Meckl Outsourcing im engeren Sinne als *„Auslagerung oder Fremdvergabe von im Unternehmen erbrachten ökonomischen Leistungen an unternehmensexterne Dritte auf der Grundlage von Marktbeziehungen."*[4] Diesem Ansatz entsprechen viele Definitionen vergangener Jahre, die dem Outsourcing die Prämisse zugrunde legen, dass eine Leistung zunächst intern erbracht werden musste, um bei der entsprechenden Fremdvergabe von Outsourcing sprechen zu können. Gerade beim Outsourcing von Fulfillment-Dienstleistungen im B2C E-Commerce muss jedoch davon ausgegangen werden, dass zumindest Teilleistungen direkt ohne vorherige Selbsterbringung an den externen Dienstleister vergeben werden, weil sich die logistischen Anforderungen an diesen Vertriebsweg von herkömmlichen Prozessen zum Teil so stark unterscheiden, dass eine Eigenerbringung von vornherein nicht effizient realisiert werden kann. Eine für die vorliegende Arbeit treffendere Definition mit logistischem Bezug liefert daher Müller-Dauppert, nach dem prinzipiell immer dann von Outsourcing gesprochen wird, *„sobald physische oder administrative Logistikaktivitäten, die von einem Unternehmen in der Regel nicht als Prozesse mit Kernkompetenz gesehen werden, an einen entsprechend spezialisierten Dienstleister übertragen und im weiteren Verlauf der Geschäftsbeziehung von diesem gegen entsprechende Vergütung erbracht werden."*[5] Diese Definition ist für die hier verfolgte Analyse jedoch deshalb begrenzt, weil Müller-Dauppert lediglich von Logistikaktivitäten spricht, diese jedoch nicht dahingehend konkretisiert, dass sowohl Teilleistungen als auch ganze Geschäftsprozesse zur Externalisierung in Betracht gezogen werden können.

Darüber hinaus sollte die Langfristigkeit der Beziehung, die vor allem bei komplexen Outsourcing Prozessen wie denen im B2C E-Commerce von großer Bedeutung ist, stärker in den Fokus rücken.

---

[3] Vgl.: Calisan, B. [2009], S. 66
[4] Meckl, R. [1999], S. 11
[5] Müller-Dauppert, B [2005], S. 11

Daher gilt für diese Arbeit folgende definitorische Grundlage:

> *Outsourcing im B2C E-Commerce bedeutet die langfristige Übertragung physischer und administrativer Logistikaktivitäten in Form von Teilleistungen oder gesamten Geschäftsprozessen auf einen externen Dienstleister, der für diese von dem E-Commerce Unternehmen nicht als Kernkompetenz definierten Prozesse die Verantwortung der Leistungserbringung übernimmt und dafür in entsprechender Weise vergütet wird. Der Begriff des Outsourcings bezieht sich in dieser Hinsicht sowohl auf diejenigen Prozesse, die vor der Entscheidung zur Fremdvergabe bereits intern ausgeführt wurden als auch auf die Aktivitäten, die bei dem Dienstleister zum ersten*

ne
mindestens ebenso große Anzahl an Klassifizierungen und Systematisierungsversuchen unterschiedlicher Sourcing-Konzepte auf Basis ausgewählter Kriterien, durch die das Sourcing-Verhältnis jeweils spezifiziert werden soll. Die folgende Abbildung gibt einen Überblick über die Ausprägungen des Outsourcings anhand der Dimensionen „Zeit", „Standort", „Strategische Aspekte", finanzielle Abhängigkeit", „Anzahl der Leistungssteller" und „Grad des externen Leistungsbezugs".

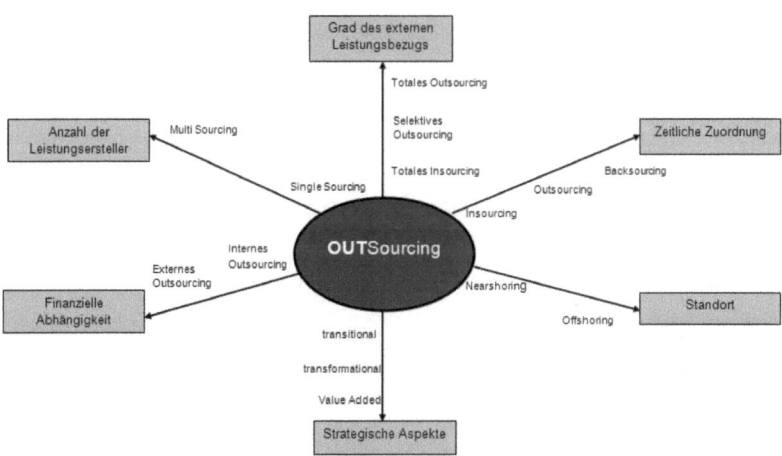

**Abbildung 1:** Ausprägungen des Outsourcings, in Anlehnung an Jouanne-Diedrich, H. (2004), S. 127

Auf Basis dieser Einordnung ist es möglich, das Outsourcing von E-Commerce-Dienstleistungen an externe Fulfillment-Dienstleister näher zu spezifizieren.

Hinsichtlich der zeitlichen Einordnung werden im Folgenden die beiden Strategien des Insourcings und des Backsourcings, bei denen die Leistungserstellungsprozesse von einem externen Leistungserbringer an das Unternehmen zurückverlagert werden, nicht näher betrachtet. Da ein Fokus dieser Arbeit auf der Evaluation von Logistikdienstleistern liegt, mit denen das E-Commerce Unternehmen das Outsourcing-Projekt ggf. realisieren wird, wird daher auch nur die Form der zeitlichen Einordnung thematisiert, bei der der Ausschreibungsprozess von Relevanz ist.

Bei der Standortwahl des zukünftigen Vertragspartners kann grundsätzlichen zwischen Onshoring, Nearshoring und Offshoring als geografische Outsourcing-Varianten differenziert werden. Während beim Onshoring die Auslagerung zu Wertschöpfungspartnern im eigenen Land erfolgt, bezieht sich das Nearshoring auf die Vergabe der auszulagernden Aktivitäten an Dienstleister in nahe gelegenen Ländern mit Vorteilen bei den Arbeitskosten.[6] Offshoring oder auch Global Sourcing bezeichnet ein Szenario, bei dem die Leistungen an Dienstleister in weit entfernte Staaten (für deutsche Unternehmen in der Regel außerhalb Europas) mit deutlichen Lohnkostenunterschieden im Vergleich zum einheimischen Markt vergeben werden. Beim Outsourcing von Logistikdienstleistungen im B2C E-Commerce geht es vorrangig um die Fremdvergabe intralogistischer Prozesse (Lagerung, Kommissionierung, Verpackung, Retourenmanagement) und des Versands an den Endkunden, bei denen Schnelligkeit und Zuverlässigkeit der Auftragsabwicklung im Vordergrund stehen. Handelt es sich bei dem E-Commerce Unternehmen um einen deutschen Anbieter, der seine Produkte über das Internet schwerpunktmäßig in Deutschland und nahegelegenen EU-Staaten vertreiben will, kommt daher in der Regel nur das Onshoring in Betracht. Im Rahmen einer möglichen Internationalisierungsstrategie muss ein E-Commerce Unternehmen ggf. darüber nachdenken, weitere Logistikpartner in den jeweils fokussierten Ländern zu integrieren, um auch dort den Anforderungen der Endkunden gerecht werden zu können. Der internationale Aspekt steht bei der folgenden Analyse jedoch nicht im Fokus, weshalb die Konzepte des Nearshoring und des Offshoring weitestgehend vernachlässigt werden.

Konzentriert sich die hier vorgenommene Abgrenzung unterschiedlicher Outsourcing Formen auf strategische Aspekte, die mit der Entscheidung zur Fremdvergabe verbunden sind, so muss eine Differenzierung zwischen dem transitional, dem transformational und dem Value Added Outsourcing vorgenommen werden. Während der Outsourcer beim Transitional Outsourcing die organisatorische Neugestaltung zur gleichzeitigen Umstellung veralteter Technologien auf neue Technologien nutzt und somit einen möglichen Mangel an Ressourcen und Fähigkeiten im eigenen Unternehmen kompensiert, bezieht sich das transformational Outsourcing auf eine strategische Neuausrichtung des Geschäftsmodells unter Zuhilfenahme von Outsourcing.[7] Value Added Outsourcing zeichnet sich durch die kollaborative, intensive Zusammenarbeit von Dienstleister und Outsourcer aus, bei dem beide Partner Konzepte einbringen, die dann auch dem externen Markt angeboten werden. Hier kommt es zur partnerschaftlichen Teilung von Einnahmen und Risiken.[8] Im B2C E-Commerce werden in erster Linie die Konzepte des transitional und des transformational

---

[6] Vgl.: Töpfer, A. [2007], S. 1289
[7] Vgl.: Krause, E. [2008], S. 50
[8] Vgl.: Zahn, E. et al. [2007 a], S. 11

Outsourcing realisiert, in Abhängigkeit davon, in welcher Hinsicht das Unternehmen von der Zusammenarbeit profitieren möchte. Mangelt es an der entsprechenden technologischen Kompetenz und den Ressourcen, die für ein erfolgreiches E-Commerce Voraussetzung sind, steht das transitional Outsourcing im Vordergrund. Soll mit dem E-Commerce hingegen ein neuer Vertriebsweg zusätzlich zum stationären Handel aufgebaut werden, tendiert die strategische Orientierung eher Richtung transformational Outsourcing. Beide Konzepte schließen sich jedoch nicht aus, sondern sind in Abhängigkeit von der individuellen Situation des E-Commerce Unternehmens unterschiedlich stark ausgeprägt.

Internes bzw. externes Outsourcing unterscheiden sich durch die finanzielle Abhängigkeit der ausgelagerten Prozesse von dem outsourcenden Unternehmen. Während das interne Outsourcing eine Funktionsübertragung der Prozesse innerhalb des eigenen Unternehmens (in der Regel durch die Gründung einer rechtlich selbstständigen, aber finanziell abhängigen Tochtergesellschaft) vorsieht, erfolgt beim externen oder auch als klassisch bezeichnetem Outsourcing ein Leistungsaustausch mit einem Unternehmen außerhalb der eigenen Konzernstruktur, also einem unabhängigen Drittunternehmen. Zwar gibt es auf dem E-Commerce Markt durchaus Unternehmen, die die Fulfillment-Prozesse über internes Outsourcing abwickeln (*Beispiel: Otto Gruppe mit der Tochtergesellschaft Hermes*) und diese Dienstleistungen auch anderen E-Commerce Unternehmen anbieten, die folgende Analyse konzentriert sich jedoch vorwiegend auf klein- und mittelständische Onlinehändler, für die das interne Outsourcing durch den hohen finanziellen Aufwand und das enorme Risiko zumindest kurz- und mittelfristig nicht in Betracht kommt.

Unter Berücksichtigung der Anzahl der Leistungsersteller wird in der Literatur zwischen Single Sourcing und Multi Sourcing unterschieden, abhängig davon, ob die auszulagernden Prozesse an einen oder mehrere Dienstleister vergeben werden.[9] Gegenwärtig ist im E-Commerce ein Trend zum One-Stop-Shopping zu verzeichnen, bei dem der Logistikdienstleister der alleinige Vertragspartner des E-Commerce Unternehmens ist und alle Leistungen auf Basis eines modularen Systems anbietet. Ebenso besteht aber auch nach wie vor die Möglichkeit, logistische Dienstleistungen an einen auf diese Prozesse spezialisierten Dienstleister zu übertragen, während beispielsweise Aufgabenbereiche des Front Ends – also der Web-Shop Aufbau und das entsprechende Online Marketing – an andere Dienstleister mit einer Fokussierung auf diese Prozesse vergeben werden. Beide Vorgehensweisen sind mit Vor- und Nachteilen behaftet. Das Single Sourcing hat zwar den Vorteil, dass alle Dienstleistungen aus einer Hand erfolgen und sich die Komplexität der Prozessgestaltung auf die Anbindung eines Anbieters reduziert, birgt jedoch auch die Gefahr, in eine Locked In Situation zu gelangen, die eine schnelle Restrukturierung der

---

[9] Vgl.: Vagadia, B. [2012], S. 113

Prozesse erschwert.[10] Der umgekehrte Sachverhalt gilt für die Strategie des Multi Sourcing. Im Folgenden steht die Methode des Single Sourcing im Bezug auf die Logistikprozesse des Fulfillments im Vordergrund.

Hinsichtlich des Grads des externen Leistungsbezugs kann zwischen totalem Outsourcing, selektivem Outsourcing bzw. Smart-Sourcing und totalem Insourcing unterschieden werden. Im Gegensatz zum totalen Outsourcing, im Rahmen dessen ganze Unternehmensbereiche fremdvergeben werden, handelt es sich beim selektiven Outsourcing um eine Auslagerung selektiver Teilleistungen oder bestimmter Projekte an externe Dienstleister. Vom totalen Insourcing wird immer dann gesprochen, wenn der Großteil der Leistungen betriebsintern erbracht wird. Um diese Unterteilung für empirische Untersuchungen anwendbar zu machen, schlagen Lacity/Willocks vor, bei einem prozentualen Anteil von 20-80 Prozent Fremdbezug von selektivem Outsourcing zu sprechen, während Werte unter 20% dem totalen Insourcing und Werte über 80 Prozent dem totalen Outsourcing zuzuordnen sind.[11] Grundsätzlich sind auch im B2C E-Commerce alle hier genannten Formen des Sourcings denkbar, allerdings konzentriert sich die weitere Analyse vornehmlich auf die Situationen, in denen das E-Commerce Unternehmen vom totalen Outsourcing logistischer Prozesse Gebrauch macht.

Insgesamt muss festgehalten werden, dass es zwar zahlreiche verschiedene Kriterien gibt, nach denen Outsourcing klassifiziert werden kann, die für diese Arbeit relevanten Formen sich jedoch auf einige wenige Ansätze reduzieren lassen. Aus der Vielzahl an Outsourcing Ansätzen stehen in der folgenden Analyse das Onshoring in Form eines totalen, externen, transitionalen und/oder transformationalen Outsourcing mit Schwerpunkt Single Sourcing im Vordergrund.

## 1.2 Gründe, Chancen und Risiken des Outsourcings

Zieht ein E-Commerce Unternehmen das Outsourcing von Fulfillment-Dienstleistungen an einen oder mehrere externe Dienstleister in Betracht, so liegen der endgültigen Entscheidung im Rahmen der Make-or-Buy Analyse zahlreiche Motive und Argumente sowohl für als auch gegen das Outsourcing spezifischer Dienstleistungen zugrunde.

Obwohl es viele Faktoren gibt, die die Make-or-Buy Entscheidung in beide Richtungen beeinflussen können, ist der Vergleich der Wirtschaftlichkeit einhergehend mit dem Ziel der Kostenreduktion in Literatur sowie Praxis jedoch nach wie vor eines der dominierenden Entscheidungskriterien.[12] Zur Verdeutlichung dieser wesentlichen Parameter von Outsourcing-Entscheidungen wird daher häufig die Transaktionskostentheorie nach Ronald Coase herangezogen, die die Gefahr der Subjektivität einer solch weitreichenden, strategischen Entscheidung mithilfe von objektiven Bewertungsmaßstäben abschwächen

---

[10] Vgl: Young, S. T. [2010], S. 296
[11] Vgl.: Lacity, M./ Willocks, L. [2003], zitiert nach: Zarnekow, R. [2004], S. 22
[12] Vgl.: Tamm, G./ Günther, O [2005], S. 147

soll. Auf Grund der Spezialisierung von Fulfillment-Dienstleistern auf die Abwicklung der Back-End-Logistik im B2C E-Commerce sind diese dazu in der Lage, Skalen- und Lernkurveneffekte zu nutzen und Leistungen zu geringeren Kosten anzubieten, als dies im Rahmen der Selbsterbringung möglich ist, zumal gerade der Aufbau logistischer Kapazitäten mit einem hohen Investitionsbedarf verbunden ist. Darüber hinaus ermöglicht es das Outsourcing von Logistikdienstleistungen, die hohen Fixkostenblöcke der Logistik zu variabilisieren. Demgegenüber stehen beim Outsourcing allerdings auch immer Transaktionskosten, die der fortlaufenden Koordination der Aktivitäten zwischen den beiden Parteien geschuldet sind.[13] In Anlehnung an Picot muss hierbei zwischen Anbahnungskosten, Vereinbarungskosten, Abwicklungskosten, Kontrollkosten, Anpassungskosten und Beendigungskosten differenziert werden.[14] Ohne an dieser Stelle die Theorie nach Coase im Detail zu erörtern, muss dennoch angemerkt werden, dass die Transaktionskosten beim Outsourcing von Fulfillment-Dienstleistungen je nach Komplexität der Dienstleistungen zum Teil sehr hoch ausfallen können. Zum einen liegt der Auswahl eines geeigneten Partners aufgrund der Spezifität nachgefragter Dienstleistungen eine umfangreiche Marktrecherche und Evaluation der Anbieter zugrunde, zum anderen sind Abwicklungs- und Anpassungskosten insbesondere im Bereich der IuK-Infrastruktur sowie die allgemeinen Setup-Kosten nach Vertragsabschluss in der Regel sehr hoch. Das wesentliche Problem einer Kostenvergleichsrechnung im Rahmen der Make-or-Buy Entscheidung liegt allerdings darin begründet, dass diese trotz quantitativer Analyse oftmals sehr subjektiv ausfällt, weil es nahezu unmöglich ist, bereits im Vorfeld alle relevanten Einflussfaktoren und deren konkreten Auswirkungen auf die Kosten der Leistungserbringung zu definieren. Insbesondere dann, wenn die Logistikprozesse im B2C E-Commerce noch nicht intern erbracht wurden, ist eine präzise Einschätzung der Kosten bei Eigenerbringung nahezu unmöglich. Es besteht die Gefahr, dass Kostenerwartungen überhöht bzw. untertrieben sind oder sogar ganze Kostenkategorien unberücksichtigt bleiben.[15] Daher ist es umso wichtiger, neben der reinen Kostenperspektive auch andere Faktoren, die für oder gegen das Outsourcing sprechen können, in die Entscheidung miteinzubeziehen.

Eine ebenfalls häufig aufgeführte Begründung für das Outsourcing von Logistikdienstleistungen ist die stärkere Konzentration des Unternehmens auf seine **Kernkompetenzen** zur Erlangung und Erhaltung von strategischen Wettbewerbsvorteilen, zur Schaffung effizienterer Unternehmensstrukturen und zur Steigerung der eigenen strategischen Flexibilität.[16] Insbesondere Hersteller, die mit dem Einstieg in den Onlinehandel neue Absatzpotenziale fokussieren und Zwischenhändlerstufen ausschalten

---

[13] Vgl.: Koch, J. [2010], S. 22
[14] Vgl.: Picot, A. [1991] 1991, S. 344
[15] Vgl.: Axelrod, W. [2004], S. 22
[16] Vgl.: Dahms, M./ Sievers, R. [2003], S. 10

wollen, sind auf die veränderten Anforderungen dieses Vertriebswegs im Vergleich zum stationären Handel nicht eingerichtet. So liegen beispielsweise weder Erfahrungswerte der Kommissionierung und Verpackung kleiner Sendungsgrößen noch entsprechende Transportkapazitäten zum Versand der Ware an den Endkunden vor. Dementsprechend gehört die Logistik von E-Commerce Unternehmen in der Regel nicht zu den Kernkompetenzen dieser Anbieter. Durch Outsourcing hat der Hersteller die Möglichkeit, sich ausschließlich auf die Produktionsprozesse, Qualitätsverbesserungsmaßnahmen und die Optimierung innerbetrieblicher Prozesse zu fokussieren.

Die Lernkurveneffekte beim Dienstleister spielen jedoch nicht nur mit Bezug auf die Kosten eine wichtige Rolle, sondern sind auch im Hinblick auf die **Verbesserung von Kennzahlen** wie z.b. der Lieferfähigkeit und Durchlaufzeit sowie der Reduktion von Fehlerquoten ein wesentlicher Grund, aus dem das Outsourcing der Back-End Logistik im E-Commerce erstrebenswert sein kann.[17] Viele Anforderungen der Endkunden an E-Commerce Unternehmen und die entsprechende Auftragsabwicklung haben einen direkten logistischen Bezug, weshalb der Optimierung logistischer Prozesse und Kennzahlen ein umso größerer Stellenwert beigemessen werden muss. Je größer die Erfahrung des Logistikdienstleisters im Bereich der B2C Logistik ist, desto eher kann diesen Anforderungen Rechnung getragen werden. Ferner muss die Logistik im B2C E-Commerce dazu in der Lage sein, trotz Auftragsspitzen aufgrund frequenter, aber unregelmäßiger Bestellungen der Endkunden und entsprechenden Auslastungsschwankungen effizient zu arbeiten. Das Abfedern saisonaler Arbeitsspitzen oder Schwankungen rechtfertigt beim E-Commerce Unternehmen jedoch in der Regel nicht das Vorhalten eigener Kapazitäten, weshalb ein Logistikdienstleister, der die Abwicklung logistischer Prozesse für mehrere Kunden agglomeriert, eine weitaus bessere Auslastung garantieren kann.[18]

Neben diesen Hauptgründen und zahlreichen zusätzlichen und von der individuellen Situation des Unternehmens abhängigen Gründen für das Outsourcing von Logistikdienstleistungen müssen aber auch die Risiken, die mit der Entscheidung für die Fremdvergabe der Logistik einhergehen, Berücksichtigung finden.

Ein elementares Risiko beim Outsourcing besteht darin, dass durch die meist langfristige Bindung zwangsläufig eine gewisse Abhängigkeit des Unternehmens von dem Dienstleister entsteht. Immer dann, wenn die Outsourcing-Entscheidung auch mit einem Übergang von Vermögensgegenständen, Prozessen und/oder Personal verbunden ist oder die Inbetriebnahme der Zusammenarbeit hohe Anfangsinvestitionen voraussetzt, ist die Gefahr der Abhängigkeit von der Performance des Dienstleisters besonders gegenwärtig, weil die Entscheidung zur Fremdvergabe nicht ohne Weiteres revidiert oder zu einem anderen

---

[17] Vgl.: Weber, J./ Engelbrecht, C. [2002], S. 39
[18] Vgl.: Ten Hompel, M./ Schmidt, T. [2005], S. 17

Anbieter gewechselt werden kann. Zwar ist das Outsourcing von Logistikdienstleistungen an Fulfillment-Anbieter in der Regel nicht mit einem Übergang von Vermögensgegenständen oder Personal verbunden, die Anfangsinvestitionen zum Aufbau und zur Anbindung sämtlicher Prozesse sind jedoch so hoch, dass ein frühzeitiger Wechsel im Falle der Unzufriedenheit mit dem externen Partner insbesondere für kleine und mittelständische E-Commerce Unternehmen kaum möglich ist. Gleiches gilt für eine mögliche Insolvenz oder eine strategische Neuausrichtung des Anbieters.[19] Damit einher geht auch die Gefahr des Know-How Verlusts auf Seiten des E-Commerce Unternehmens, weil dieses bei einer direkten Vergabe logistischer Dienstleistungen an externe Anbieter das logistische Know How für eine reibungslose Auftragsabwicklung und damit für die erfolgreiche Realisierung einer B2C E-Commerce Strategie gar nicht erst aufgebaut hat. Je komplexer die Prozesse und je höher die Anforderungen an das Personal und die technische Umsetzung sind, desto abhängiger ist der Onlinehändler von der Leistungsfähigkeit des Partners. Darüber hinaus ist es im Hinblick auf die Kundenzufriedenheit problematisch, das E-Commerce Geschäft bei einem Wechsel der Anbieter zu unterbrechen, da die Kundenbindung im B2C E-Commerce aufgrund der geringen Wechselkosten weitaus geringer ist als im stationären Handel. Ein reibungsloser Übergang von dem ursprünglichen zu einem neuen Dienstleister bzw. das Backsourcing der Dienstleistungen werden jedoch durch die Komplexität der materialflusstechnischen und vor allem auch informationslogistischen Komplexität erheblich erschwert. Die allgemeine Gefahr der Abhängigkeit ist demnach im E-Commerce Bereich besonders ausgeprägt.

Ein häufig genannter Grund für die Vergabe logistischer Dienstleistungen an externer Dienstleister ist der Anspruch, die eigene Servicequalität gegenüber dem Endkunden zu verbessern und diesem bspw. durch den Zugriff auf Value Added Services eine qualitativ höherwertige Leistung entgegenzubringen, als dies bei der Auftragsabwicklung inhouse möglich wäre. Ebenso kann aber auch die Gefahr bestehen, dass der Dienstleister eben diesem Anspruch bei der Umsetzung nicht genügt. Leistungs- und Qualitätsdefizite liegen beim Dienstleistungspartner folglich immer dann vor, wenn dieser dem Qualitätsanspruch des Outsourcers an die ausgelagerten Prozesse nicht gerecht werden kann. Diese Gefahr liegt nicht zuletzt darin begründet, dass der Dienstleister zur Steigerung seiner Kosteneffizienz ein Interesse daran hat, seine Prozesse entgegen den Anforderungen des Outsourcers zu standardisieren.[20] Bestimmten Preismodellen ist diese Gefahr besonders inhärent. Daher ist es für eine Outsourcing-Beziehung umso wichtiger, im Rahmen der Vertragsgestaltung Service Level Agreements und KPI´s eindeutig zu definieren, die im Falle der Nichterfüllung mit Vertragsstrafen verknüpft sind.

---

[19] Vgl.: Nollau, H.-G./ Neumeier, M. [2010], S. 85
[20] Vgl.: Hermes, H. J./ Schwarz, G. [2005], S. 24

Zur Gewährleistung einer dauerhaft funktionierenden Zusammenarbeit spielt das Schnittstellenmanagement zwischen den beiden Partnern eine entscheidende Rolle, das dazu dient, Abstimmungsprobleme sowie Konflikte zwischen den Vertragsparteien durch leistungsfähige, interorganisatorische Strukturen zu vermeiden bzw. zu lösen.[21] Wird vom Dienstleister Personal eingesetzt, das weder hinreichend qualifiziert ist noch über die geforderten Koordinations- und Kommunikationsfähigkeiten verfügt, können schnell leistungsbezogene Koordinationsprobleme sowie interkulturelle Spannungen auftreten, die nicht selten ausschlaggebend für das Scheitern von Outsourcing-Projekten sind.[22]

Die Auswertung der für den konkreten Fall spezifizierten Vor- und Nachteile des Outsourcings im Rahmen der Make-or-Buy Entscheidung erfolgt als erster Prozessschritte eines umfangreichen und komplexen Outsourcing-Prozesses, der ein systematisches und methodisches Vorgehen verlangt.

### 1.3 Der Outsourcing-Prozess

Aufgrund des Umfangs und der Komplexität von Outsourcing-Projekten im Allgemeinen und der Fremdvergabe logistischer Dienstleistungen beim B2C E-Commerce im Speziellen ist eine Untergliederung des Entscheidungsprozesses in überschaubare Teilschritte notwendig. In der Literatur haben sich dazu *„unterschiedliche Planungsschemata herausgebildet, die sich nach Anzahl, Bezeichnung und Abgrenzung der vorgeschlagenen Phasen unterscheiden, im Kern aber dieselben Schritte beinhalten."* Folgende Tabelle gibt einen Überblick über verschiedene Ansätze zur Beschreibung des Outsourcing-Prozesses:

---

[21] Vgl.: Lucks, K./ Meckl, R. [2002], S.227
[22] Vgl.: Calisan, B. [2009], S.119

| Autor | Erscheinungs-jahr | Anzahl der Phasen | Beschreibung des Prozesses | Quelle |
|---|---|---|---|---|
| Zahn et al. | 1998 | 6 | Bei dem Outsourcing-Prozess nach Zahn et al. handelt es sich um ein Phasenkonzept, das aus einem umfangreichen, empirischen Forschungsprojekt entstanden ist und die folgenden Prozessschritte beinhaltet: 1. Ist-Analyse, 2. Make-or-Buy-Entscheidung, 3. Kontaktaufnahme, 4.Abgleich, 5. Vertragsabschluss, 6.Implementierung | Vahrenkamp (2005), S.397 |
| Reichert | 2005 | 7 | Der Outsourcing-Prozess nach Reichert unterscheidet insgesamt sieben Phasen, wobei wiederum zwischen Outsourcing im weiteren Sinne und Outsourcing im engeren Sinne differenziert wird. Outsourcing im engeren Sinne fokussiert die Eruierung und Auswahl der Anbieter sowie die Vertragsgestaltung und Implementierung, während Outsourcing im weiteren Sinne auch die Prädisposition (Initialisierung und IST-Analyse) sowie die Outsourcing Beziehung selbst (Fremdbezug) in die Betrachtung miteinbezieht. | Reichert (2005), S.197 |
| Hodel et al | 2004 | 4 | Hodel et al. differenzieren zwischen Vorbereitungs-, Anbahnung-, Umsetzungs- und Betriebsphase. Die Vorbereitungsphase dient vor allem der Analyse und Definition von Kernaktivitäten sowie der Ermittlung von Chancen und Risiken des Outsourcings. Darauf aufbauend erfolgt im Rahmen der Anbahnungsphase die Erarbeitung eines Lastenhefts sowie die Auswahl eines Anbieters, um darauf aufbauend in der Umsetzungsphase die Realisierung des Konzepts durchzuführen. Der Prozess schließt mit der Betriebsphase, innerhalb derer die Überwachung der Prozesse und die Etablierung eines Change Managements erfolgt. | Hodel et al. (2004), S.44 |
| Nettesheim et al | 2003 | 5 | Nettesheim et al. sehen für die Realisierung des Business Process Outsourcings (i.e.S.) folgende Prozessschritte vor: 1. Management des RFP-Prozesses (Request für proposal, bzw. Ausschreibung), 2.Prüfung der Angebote und Auswahl möglicher Anbieter, 3. Durchführung der Due Dilligence für Dienstleister, 4. Gestaltung des Vertrags, 5.Durchführung der Migration. Diesem Outsourcing-Prozess ist die Entwicklung eines Outsourcing-Portfolios und der Outosurcing-Roadmap vorgelagert. | Nettesheim et al.(2003), S.29 |
| Momme et al | 2002 | 3 | Momme et al. unterscheiden im Rahmen des Outsourcing-Prozesses die strategische Phase, die Übergangsphase und die operationale Phase. Der Prozess beginnt mit der strategischen Phase, innerhalb derer die Kompetenzanalyse sowie eine Bewertung und Bestätigung des Outsourcing-Potenzials erfolgen. Daran schließt sich die Übergangsphase einschließlich der Vertragsverhandlung, der Projektausführung sowie dem Transfers an. Der Outsourcing-Prozess schließt im Rahmen der oprationalen Phase mit dem Beziehungsmanagement und einer späteren Vertragsbeendigung. | Momme et al. (2002), S.71 |
| Mc Ivor | 2005 | 6 | Mc Ivor beschreibt Outsourcing als einen sechsstufigen Prozess, der folgende Prozessschritte beinhaltet: 1. Bestimmung der gegenwärtigen Grenzen der Organisation, 2.Kernkompetenzanalyse, 3.Potenzialanalyse, 4. Analyse der strategischen Sourcing Optionen, 5. Entwicklung der Beziehungsstrategie, 6. Aufbau, Management und Evaluierung einer geeigneten Outsourcing-Beziehung | Mc Ivor (2002), S.71 |

**Tabelle 1:** Theoretische Ansätze zur Beschreibung des Outsourcing-Prozesses, eigene Darstellung

Diese Übersicht zeigt, dass alle Planungsschemata die Notwendigkeit der Dienstleisterevaluation – die wesentlicher Bestandteil dieser Arbeit sein soll - bei der Durchführung des Outsourcing-Prozesses berücksichtigen, sich aber hinsichtlich der Konkretisierung dieser Phase und des Stellenwerts im Gesamtprozess zum Teil erheblich voneinander unterscheiden. So findet die Dienstleisterbewertung bei Zahn et al. im Bereich von Phase drei und vier statt, wird aber nicht explizit als ein gesonderter Prozessschritt ausgewiesen. Bei Nettersheim et al. nehmen die Prüfung der Angebote, die Auswahl möglicher Anbieter und die Durchführung einer Due Dilligence der Dienstleister hingegen zwei der insgesamt fünf Teilschritte des Outsourcings ein und verweisen somit auf deren hohen Stellenwert im Rahmen des Outsourcings. Dies kann auch damit begründet werden, dass die Komplexität und Langfristigkeit des Business Process Outsourcings sowie die enge Beziehung zum Dienstleister, die mit dieser speziellen Form des Outsourcings verbunden ist, eine vergleichsweise tiefgehende Evaluation möglicher Partner erfordern. Auch im B2C E-Commerce geht der Trend aufgrund des hohen Marktangebots an breit aufgestellten Fulfillment-Anbietern mittlerweile zur Auslagerung des kompletten (oder zumindest großteiligen) E-Commerce Geschäftsmodells und damit zum BPO. Daher ist es für das weitere Vorgehen notwendig, den Phasen der Dienstleisterauswahl einen höheren Stellenwert beizumessen, als dies in den meisten oben aufgeführten Modelle der Fall ist. Für die Darstellung des Outsourcings logistischer Prozesse im Bereich des B2C E-Commerce wird deshalb ein selbst konzipierter Prozessablauf gewählt, der in Abbildung 1 schematisch dargestellt ist. Dieser Prozess gliedert sich in zwei wichtige und konzeptionell voneinander abzugrenzende Bereiche: Die Teilschritte drei bis sechs fokussieren auf die Dienstleisterauswahl und die Zusammenarbeit mit diesem. Diese angeführte Unterteilung sowie die einzelnen Prozessschritte selbst sind allerdings nicht als strikt voneinander isolierte Phasen zu betrachten, sondern erfordern eine unbedingte Rückkopplung mit den vorgelagerten Phasen, um Fehlentscheidungen zu vermeiden. *„Da der Informationsstand im Laufe des Entscheidungsprozesses wächst, sind die Entscheidungen der vorgelagerten Phasen unter Berücksichtigung der hinzukommenden Informationen ständig zu überprüfen und ggf. zu korrigieren."* [23]

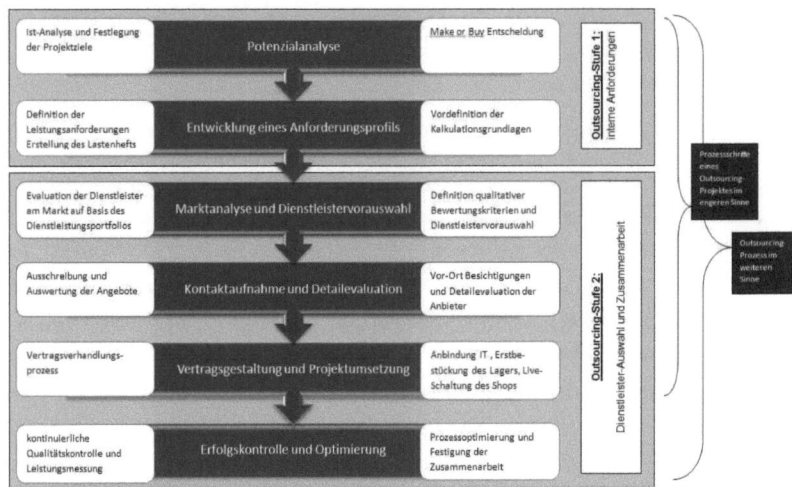

**Abbildung 2:** Der Outsourcing-Prozess, eigene Darstellung

Die Outsourcing-Stufe eins des oben dargestellte Outsourcing-Prozesses, auf den im Folgenden Bezug genommen wird, beginnt mit einer Potenzialanalyse aller für die Realisierung der B2C E-Commerce Strategie relevanten Prozesse. Dazu erfolgt in einem ersten Schritt die IST-Analyse, die im vorliegenden Fall vor allem dazu dient, sich als potenziell outsourcendes E-Commerce Unternehmen einen präzisen Überblick über die notwendigen Prozesse zu verschaffen und die Herausforderungen zu definieren, die mit dem Einstieg in den Online Handel verbunden sind. Grundsätzlich verfolgt die IST-Analyse bei Outsourcing-Projekten das Ziel, Schwachstellen in der innerbetrieblichen Wertschöpfung auf Basis einer Stärken-Schwächen-Analyse aufzudecken und darauf aufbauend die eigenen Kernkompetenzen zu definieren. Beim Outsourcing von E-Commerce Dienstleistungen muss an diesem Punkt allerdings beachtet werden, dass eine innerbetriebliche

---

[23] Vgl.: Vahrenkamp, R. [2005], S. 396

13

Leistungserbringung dem Outsourcing-Prozess oftmals nicht vorausgeht, sondern der Einstieg in den Onlinehandel vielfach direkt unter Zuhilfenahme von Outsourcing erfolgt. Daher ist die Potenzialanalyse, die auch die Make-or-Buy Entscheidung beinhaltet, etwas anders gelagert: Ein E-Commerce Unternehmen sollte innerhalb dieses ersten Prozessschritts zunächst eine umfassende Anforderungsanalyse im Bezug auf die Herausforderungen der einzelnen Prozessschritte betreiben, das eigene Leistungsvermögen hinsichtlich klar definierter Aufgaben abschätzen und daraufhin eine vorläufige Make-or-Buy Entscheidung treffen. Der Vorteil von Fulfillment-Dienstleistern ist in diesem Punkt, dass diese der Definition nach ein sehr umfassendes Leistungsportfolio zuzüglich weiterer Value Added Services anbieten, sodass ggf. auch Teilprozesse, von denen zunächst angenommen wurde, dass diese selbst erbracht werden können, im späteren Verlauf an den Dienstleister übertragen werden können.

Wurden die Prozesse des E-Commerce definiert und eine Make-or-Buy-Entscheidung für die einzelnen Aufgabenbereiche getroffen, geht es in der darauf folgenden Phase des Outsourcing-Prozesses um die Entwicklung des Anforderungsprofils, bestehend aus dem Lastenheft und den Preisblättern als Kalkulationsgrundlage für den Dienstleister. *„Das Lastenheft ist die Zusammenstellung aller Anforderungen aus Sicht des Auftraggebers an ein Projekt einschließlich aller relevanten Randbedingungen, beschreibt also die Gesamtheit der Forderungen an die Lieferungen und Leistungen eines Auftragnehmers."*[24] Preisblätter dienen hingegen dazu, einen einheitliche Kalkulationsgrundlage für die Bepreisung der Dienstleistungen zu schaffen und dadurch den Vergleich der Dienstleister untereinander sowie mit den Kosten der Selbsterbringung zu ermöglichen.

In der Literatur erfolgt nach der Ausarbeitung der Ausschreibungsunterlagen überwiegend die direkte öffentliche oder private Ausschreibung der geforderten Leistungen. Auf Grund der Tatsache, dass der Markt für Fulfillment-Dienstleistungen allerdings sehr komplex und das Dienstleistungsangebot in diesem Bereich nahezu unüberschaubar ist, wird in dem oben dargestellten Outsourcing-Prozess zunächst eine Dienstleistervorauswahl auf Basis einer vorgeschalteten Marktanalyse vorgenommen und damit die Phase zwei der Dienstleister-Auswahl und Zusammenarbeit eingeläutet. Hierbei stehen die Bewertung der Anbieter im Hinblick auf ihr jeweiliges Angebotsportfolio, die Korrespondenz der Leistungsprofile von Anbieter und Nachfrager und die Vorauswahl möglicher Kandidaten auf der Grundlage von geeigneten Evaluationskriterien im Vordergrund.

Aufbauend auf der Dienstleistervorauswahl erfolgt in einem sich anschließenden Schritt die in dieser Arbeit fokussierte, private Ausschreibung der geforderten Leistungen. Neben der Auswertung der konkreten Angebote angefragter Dienstleister und der Szenarioanalyse der

---

[24] Stolle, R./ Herrmann, M. [2006], S. 80

Kosten für unterschiedliche Zukunftsbilder rückt an dieser Stelle auch die Detailbewertung der Dienstleister im Hinblick auf zuvor definierte, qualitative Kriterien in den Blickpunkt. Die Vertragsgestaltung und Projektumsetzung sind das Ergebnis von Ausschreibung und Dienstleisterevaluation. Der Outsourcing-Vertag ist die Grundlage der Zusammenarbeit zwischen dem Outsourcer und dem Auftragnehmer und muss so detailliert, genau und mit messbarer Dienstleistungsqualität formuliert und ausgearbeitet sein, dass spätere Konflikte über Zuständigkeiten, Verantwortlichkeiten und Qualitätsstandards ausgeschlossen oder zumindest stark begrenzt werden können. Die Projektumsetzung bezieht sich auf den Aufbau und die Anbindung der einzelnen Prozesse und die optimale Gestaltung des zwischenbetrieblichen Informations- und Warenflusses bis zur Live-Schaltung des Onlineshops. Da diese Phase des Outsourcing-Prozesses allerdings nicht Schwerpunkt dieser Arbeit ist, werden die Struktur der Vertragsverhandlung sowie notwendige Inhalte nur skizziert.

Das Outsourcing endet im vorliegenden Prozessmodell jedoch nicht – wie es in einigen anderen Modellen dargestellt wird (*Vgl. Zahn et al., Reichert*) - mit der im vorangegangenen Schritt berücksichtigten Projektrealisierung, sondern bezieht auch die Erfolgskontrolle und Optimierung der zwischenbetrieblichen Zusammenarbeit in die Betrachtung mit ein. Dieser letzten Prozessphase wird jedoch nicht nur in der Theorie, sondern auch in der Praxis nicht die notwendige Aufmerksamkeit gewidmet, denn bei vielen Unternehmen endet die intensive Beschäftigung mit dem Thema Outsourcing mit der Vertragsunterzeichnung. Einer laufenden Reflexion über den Status der Geschäftsbeziehung und den Stand der Zielerreichung im Hinblick auf die ursprünglichen Outsourcing-Ziele sowie eine kontinuierliche Qualitätskontrolle und Leistungsmessung anhand von Reportings und KPI´s findet nach wie vor nur in unzureichendem Maße statt.[25] Darüber hinaus geht es im Rahmen des letzten Prozessschrittes aber auch darum, die weichen Faktoren der Zusammenarbeit wie etwa das wechselseitige Vertrauen und die Kommunikation zu optimieren. Da eine Outsourcing-Partnerschaft im B2C E-Commerce in der Regel von langfristiger Natur ist, kommt diesen Aspekten ein hoher Stellenwert für den dauerhaften Erfolg der Zusammenarbeit zu und muss kontinuierlich im Blick behalten werden.

Aufgrund der Langfristigkeit dieses Prozesse und dem Fehlen eines konkreten Endtermins kann in dieser Stelle streng genommen nicht mehr von einer Phase der Umsetzung eines Outsourcing-Projektes gesprochen werden, da Projekte der Definition nach immer mit festgesetzten Start- und Endterminen verbunden sind.[26] Auf Grund der hohen Relevanz der kontinuierlichen Erfolgskontrolle wurde dieser Prozessschritt jedoch in die Analyse

---

[25] Vgl.: Rüter, A. et al. [2010], S. 179f
[26] Vgl.: DIN 69 901

mitaufgenommen. Daher wird die Erfolgskontrolle für die folgende Analyse als Teilbereich des Outsourcing-Projektes im weiteren Sinn definiert.

Zusammenfassend muss festgehalten werden, dass es sich bei der hier gewählten Vorgehensweise des sechsstufigen Outsourcing-Prozesses jedoch um einen idealtypischen Ablauf handelt, der in der praktischen Umsetzung besonders durch die wechselseitigen Einflüsse der Phasen aufeinander und die Rückkopplung mit vorgelagerten Phasen gekennzeichnet ist. Darüber hinaus stehen im Rahmen dieser Arbeit die Evaluation und Auswahl von Dienstleistern im Zentrum des Interesses, weshalb innerbetriebliche Aspekte wie zum Beispiel das Change Management und die Mitarbeiterkommunikation zur innerbetrieblichen Vorbereitung auf den Outsourcing-Prozess in den Hintergrund rücken.

## 1.4 Relevanz der Dienstleisterauswahl beim Outsourcing aus theoretischer Sicht

Im vorangegangenen Unterkapitel wurde der in dieser Arbeit fokussierte, idealtypische Ablauf des Outsourcing-Prozesses mit dem Schwerpunkt der Evaluation von Fulfillment-Dienstleistern vorgestellt. Die Notwendigkeit dafür, der Auswahl eines passgenauen Dienstleisters einen derart hohen Stellenwert beizumessen, wie es in dieser Arbeit der Fall ist, kann auch aus theoretischer Sicht und unter Zuhilfenahme der Principal-Agency-Theorie von Jensen und Meckling sinnvoll begründet werden.

Die Principal-Agency-Theorie (bzw. Prinzipal-Agent-Theorie oder auch Agenturtheorie) hat die Analyse und Gestaltung bilateraler Verträge innerhalb von Austauschbeziehungen zwischen einem Auftraggeber (Principal) und einem Auftragnehmer (Agent) zum Gegenstand, die durch asymmetrische Informationsverteilung zwischen den beiden Vertragsparteien gekennzeichnet sind.[27] Ein typisches Beispiel für eine solche Auftragnehmer-Auftraggeber-Beziehung im Kontext von Unternehmungen ist die Beziehung zwischen E-Commerce-Unternehmen/ Verlader und Fulfillment-Dienstleister. Hierbei überträgt das E-Commerce-Unternehmen (Principal) dem Dienstleister (Agent) bestimmte Aufgaben und Entscheidungskompetenzen über die Gestaltung und Abwicklung logistischer Prozesse mit dem Ziel, die speziellen Handlungseigenschaften des Agenten (z.B. spezialisierte Fachkompetenz, Erfahrungen, Wissen, Zeit) zu nutzen und/oder eigene, komparative Handlungsdefizite (z.B. zu geringes Investitionspotenzial, keine personellen Kapazitäten,

Unsicherheit über die zukünftige Auftragslage) zu kompensieren.[28] Das grundsätzliche Problem einer solchen Partnerschaft besteht allerdings darin, dass der Dienstleister seinen Informationsvorsprung hinsichtlich seiner eigenen Fähigkeiten und Absichten weitaus besser

---

[27] Vgl.: Möller, K. [2006], S. 56
[28] Vgl.: Kieser, A./ Ebers, M. [2006], S. 259

beurteilen kann, als der Auftraggeber. Unter der Annahme von Nutzenmaximierung und Opportunismus wird der Agent daher bestrebt sein, bei Zieldivergenzen seinen Informationsvorsprung zu Lasten des Prinzipals auszunutzen.[29] Diese Problematik kann sich sowohl vor Vertragsabschluss als auch nach Vertragsabschluss äußern.

Einen Überblick über die daraus resultierenden Probleme einschließlich möglicher Lösungsansätze gibt die nachfolgende Tabelle 2:

| Entstehungs-zeitpunkt | Vor Vertragsabschluss | | Nach Vertragsabschluss | |
|---|---|---|---|---|
| Informations-asymmetrie | Hidden Characteristics | Hidden Action | Hidden Information | Hidden Intention |
| Beschreibung | Dem Auftraggeber sind die Qualitätseigenschaften der Leistungen des Vertragspartners nicht bekannt | Der Auftraggeber kann die Handlungen des Agenten nicht beobachten | Der Auftraggeber kann die Handlungen des Agenten zwar beobachten, jedoch nicht hinlänglich beurteilen | für den Auftraggeber ist opportunistsiches Verhalten des Agenten zwar erkennbar, jedoch fehlt es an Sanktionsmöglichkeiten |
| Problematik | Adverse Selection | Moral Hazard | | Hold Up |
| Lösungsansätze | Signalling Screening Self-Selection | Anreizsysteme Kontrollsysteme Self Selection Reputation und Garantie | Anreizsysteme Kontrollsysteme Reputation und Garantie | Signalling Reputation und Garantie |

**Tabelle 2:** Probleme und Lösungsansätze in Vertragsbeziehungen nach der Prinzipal-Agency-Theorie, eigene Darstellung in Anlehnung an: Picot, A. et al. (2005), S. 77

Grundsätzlich ist zu berücksichtigen, dass die Gefahren, die im Rahmen des Outsourcings auftreten können, umso geringer werden, je länger die Zusammenarbeit bereits erfolgreich umgesetzt wird und je größer dementsprechend das wechselseitige Vertrauen der Vertragspartner zueinander geworden ist. Dies hat für die hier angestrebte Analyse zwei Implikationen: Während die Probleme nach Vertragsabschluss zunächst dadurch begrenzt werden können, dass dem Verlader entsprechende Kontrollrechte eingeräumt, dem Dienstleister umfangreiche Auskunfts- und Informationspflichten *(z.B. in Form von Reportings und KPI´s)* auferlegt und für beide Seiten akzeptable, vertragliche Regeln *(z.B. Service Level Agreements in Verbindung mit Bonus-Malus Systemen)* geschaffen werden, werden diese mit der Zeit zumindest teilweise durch das gewachsene Vertrauen in der Vertragspartner substituiert, das die Zusammenarbeit vereinfacht und die mit den Kontrollmaßnahmen verbundenen Kosten reduziert. Gleiches gilt für die Problematik der Adverse Selection vor Vertragsabschluss: Die Anstrengungen zur Auswahl eines geeigneten Dienstleisters werden hier weitaus geringer ausfallen, wenn in der Vergangenheit bereits erfolgreich mit einem oder mehreren Dienstleistern kooperiert wurde, die auch für das folgende Projekt in Betracht gezogen werden können.

Beim Outsourcing von E-Commerce-Dienstleistungen an Fulfillment-Anbieter kann von einer solchen Situation vor Vertragsabschluss in der Regel jedoch nicht ausgegangen werden, denn die Komplexität logistischer Dienstleistungen im B2C E-Commerce stellt die Logistik vor neue Herausforderungen, denen herkömmliche Transport- und Logistikdienstleister, mit denen das E-Commerce Unternehmen bspw. zur Belieferung des stationären Handels

---

[29] Vgl.: Wolf, R.-J. [2010], S. 146

zusammenarbeitet, nicht gewachsen sind. Eine gemeinsame Vertrauensbasis mit den potenziellen Vertragspartnern existiert also zum Zeitpunkt der Auswahl noch nicht oder nur in begrenztem Rahmen. Darüber hinaus ist die Abhängigkeitssituation, in die sich das E-Commerce Unternehmen bringt, nicht zu unterschätzen, denn je umfangreicher die ausgelagerten Prozesse sind und je stärker diese mit anderen Teilbereichen des Fulfillments (z.B. Zahlungsmanagement und Customer Service) vernetzt sind, desto schwieriger wird es sein, bei Unzufriedenheit den Anbieter zu wechseln. Aus diesem Grund kommt der Evaluation und Auswahl des bestgeeigneten Fulfillment-Dienstleisters im B2C E-Commerce ein umso höherer Stellenwert zu. Schon vor dem Vertragsabschluss muss mittels Screening (z.B. Benchmark-Analysen, Evaluationsmodelle, Vor-Ort-Termine), Signalling (z.B. Referenzkunden und –projekte, Reputation, Zertifizierungen) und Self-Selection (z.B. Garantien, Haftungsklauseln, gemeinsame Investitionen) deutlich werden, inwiefern der jeweilige Dienstleister die von dem E-Commerce Unternehmen geforderten und gewünschten Leistungen tatsächlich erbringen kann und wird. Wird diesem Aspekt nicht die notwendige Aufmerksamkeit gewidmet, ist die Gefahr des Scheiterns erheblich.

Die Maßnahmen, Methoden und Kriterien verfolgen somit das Ziel, die Gefahren der Adverse Selection vor Vertragsabschluss zu reduzieren. Die Vertragsgestaltung selbst sowie die Erfolgskontrolle, die mit dem Monitoring der Dienstleister sowie entsprechenden Anreiz- und Kontrollsystemen einhergeht bilden nicht den Schwerpunkt der Analyse. Vielmehr geht es darum, einem E-Commerce Unternehmen auf Basis von Literaturanalysen und Praxiserfahrungen einen umfassenden Einblick in die Anforderungen des E-Commerce an das Outsourcing von Logistikdienstleistungen zu geben und einen strukturellen Rahmen zu schaffen, mit dem zukünftige Onlinehändler den Prozess der Ausschreibung und die Auswahl eines Fulfillment-Partners systematisch umsetzen können.

## 2. Literaturverzeichnis (inklusive weiterführender Literatur)

*Adam, Dietrich (1996):* Planung und Entscheidung: Modelle – Ziele – Methoden. Mit Fallstudien und Lösungen, 4. Auflage, Gabler Verlag, Wiesbaden

*Aguezzoul, Aicha (2009):* The third party logistics selection: A review of literature, International Logistics and Supply Chain Congress, Istanbul, Türkei

*Aichele, Christian (2006):* Intelligentes Projektmanagement, W. Kohlhammer, Stuttgart

*Al-Ani, Ayad/ Gattermeyer, Wolfgang (2001):* Change Management und Unternehmenserfolg: Grundlagen – Methoden – Praxisbeispiele, 2. Auflage, Gabler Verlag, Wiesbaden

*Alter, Roland (2011):* Strategisches Controlling: Unterstützung des strategischen Managements, Oldenbourg Wissenschaftsverlag, München

*Armutat, Sascha (2007):* Management Development: Zukunftssicherung durch kompetenzorientierte Führungskräfteentwicklung, W. Bertelsmann Verlag, Bielefeld

*Arnold, Dieter et al. (2004):* Handbuch Logistik, 2. Auflage, Springer Verlag, Berlin/ Heidelberg

*Axelrod, Warren (2004):* Outsourcing Information Security, Artech House, Norwood, Massachusetts, USA

*Bächle, Michael/ Lehmann, Frank R. (2010):* E-Business: Grundlagen elektronischer Geschäftsprozesse im Web 2.0, Oldenbourg Wissenschaftsverlag, München

*Balzert, Helmut (2009):* Lehrbuch der Softwaretechnik: Basiskonzepte und Requirements Engineering, 3. Auflage, Spektrum Akademischer Verlag, Heidelberg

*Barrar, Peter/Gervais, Roxane (2006):* Global Outsourcing Strategies. An International Reference on Effective Outsourcing Relationships, Gower Publishing, Hampshire, England

*Barth, Thomas/ Barth, Daniela (2008):* Controlling, 2. Auflage, Oldenbourg Wissenschaftsverlag, München

*Bayles, Deborah L. (2002):* E-Logistics & E-Fullfillment: Beyond the „Buy" button, Bridge Commerce Inc., Curacao

*Bauer, Oliver/ Czajka, Sebastian (2009):* Online-Shopping liegt im Trend, Statistisches Bundesamt, Wiesbaden
https://www.destatis.de/DE/Publikationen/STATmagazin/Informationsgesellschaft/2009_12/2009_12OnlineShopping.html

(Stand: 01.07.2012)

*Baumgarten, Helmut, et al. (2004):* Supply Chain Steuerung und Services. Logistik-Dienstleister managen globale Netzwerke – Best Practices, Springer Verlag, Berlin/ Heidelberg

*Baumgarten, Helmut/ Thoms, Jack (2002):* Trends und Strategien in der Logistik: Supply Chains im Wandel, TU Berlin, Berlin

*Baumgarten et al. (2002):* Logistik-Dienstleister – Quo vadis? Stellenwert der Fourth Logistics Provider (4PL). In: Logistik Management, 4. Jahrgang, Heft 1, S.27-40

*Beckmann, Holger (2004):* Supply Chain Management. Strategien und Entwicklungstendenzen in Spitzenunternehmen, Springer Verlag, Berlin/ Heidelberg

*Bernhard, Martin G. et al. (2003):* IT-Outsourcing und Service-Management. Praxisbeispiele – Strategien - Werkzeuge, Symposion Publishing, Düsseldorf

*Bhatnagar, Rohit et al. (1999):* Third party logistics services: A Singapore perspective, in: International Journal of Physical Distribution and Logistics Management, 29. Jahrgang, Heft 9, S. 569–587

*Bittner, Katja (2009):* Wertschöpfungsketten im Handel, Europäischer Hochschulverlag, Bremen

*Bleisch, Günther et al. (2011):* Verpackungstechnische Prozesse, B. Behr´s Verlag, Hamburg

*Blom, Frank/ Harlander, Norbert A. (2003):* Logistik-Management: Der Aufbau ganzheitlicher Logistikketten in Theorie und Praxis, 2. Auflage, expert Verlag, Renningen

*BME (2007):* Retourenmanagement als wichtigstes Glied des Supply Chain Managements, Bundesverband Materialwirtschaft, Einkauf und Logistik e.V., Frankfurt am Main
http://www.bme.de/Retourenmanagement-als-wichtiges-Glied-des-Supply-Chain-Managements.2213.0.html
(Stand: 09.07.2012)

*Bovensiepen, Gerd (2012) in Humann, Sven (2012):* pwc Studie – Einzelhandel wächst online – Verknüpfung von Internet und Filiale bietet Chance, PricewaterhouseCoopers AG, Frankfurt am Main
http://www.pwc.de/de/pressemitteilungen/2012/einzelhandel_waechst_online_verknuepfung_von_internet_und_filiale_bietet_chancen.jhtml
(Stand: 01.07.2012)

*Boyson, Sandor et al. (1999):* Managing effective third party logistics relationships: What does it take?, in: Journal of Business Logistics, 20. Jahrgang, Heft 1, S.73-100

*Brem, Christian/ van Baal, Sebastian (2004):* Die Stärke liegt im Verborgenen – Die Logistik als zentrale Herausforderung im E-Commerce, Handelsjournal des LPV Media Verlags, Neuwied, Heft 1, S.34-35

*Bruhn, Manfred (2010):* Marketing, 10. Auflage, Gabler Verlag, Wiesbaden

*Bruhn, Manfred/ Homburg, Christian (2008):* Handbuch Kundenbindungsmanagement. Strategien und Instrumente für ein erfolgreiches CRM , 6. Auflage, Gabler Verlag, Wiesbaden

*Büyünközkan, Gülçin et al. (2008):* Selection of the strategic alliance partner in logistics value chain, in: International Journal of Production Economics, 113. Jahrgang, Heft 1, S.148-158

*Bundesministerium der Justiz (2005):* Gesetz über das Inverkehrbringen, die Rücknahme und die umweltverträgliche Entsorgung von Elektro- und Elektronikgeräten (Elektro- und Elektronikgerätegesetz - ElektroG)
http://www.gesetze-im-internet.de/bundesrecht/elektrog/gesamt.pdf
(Stand: 09.07.2012)

*Bundesministerium für Umwelt, Naturschutz und Reaktorsicherheit (2009):* VerpackV – Verordnung über die Vermeidung und Verwertung von Verpackungsabfällen, Berlin

*Bundesverband des deutschen Versandhandels (2011) in:* Fulst, Carl (2011): Marktanalyse – Trend Topic E-Commerce, Axel Springer AG, Berlin
http://www.axelspringer-mediapilot.de/branchenberichte/Einzelhandel-
Einzelhandel_703139.html?beitrag_id=459953
(Stand: 01.07.2012)

*Busch, Axel/ Dangelmaier, Wilhelm (2004):* Integriertes Supply Chain Management: Theorie und Praxis effektiver unternehmensübergreifender Geschäftsprozesse, 2. Auflage, Gabler Verlag, Wiesbaden

*Buttkus, Michael/ Neugebauer, Alfrid (2012):* Controlling im Handel: Innovative Ansätze und Praxisbeispiele, Gabler Verlag, Wiesbaden

*Calisan, Baris (2009):* Anbieterinitiiertes Outsourcing. Ein marktorientiertes Management-Konzept für strategische Unternehmenspartnerschaften, dargestellt am Beispiel der deutschen und türkischen Textil- und Bekleidungsindustrie, Band 123, Reihe: Planung, Organisation und Unternehmensführung, JOSEPF EUL Verlag, Lohmar, Köln

*Chaffey, Dave et al. (2009):* Internet Marketing: Strategy, Implementation and Practice, 4. Auflage, Pearson Education Limited, Essex, England

*Colson, Gérald/ Dorigo, Fabrice (2004):* A public warehouse selection support system, in: European Journal of Operational Research, 153. Jahrgang, Heft 2, S. 332-349

*ComCult Research GmbH mit Unterstützung der Kaufhof Warenhaus AG und Gemini Medien (2003):* Internet-Studie Versandkosten im Online-Shopping, ComCult Research GmbH, Berlin

*Czech-Winkelmann, Susanne (2008):* Handbuch International Business. Strategie, Praxis, Fallbeispiele, Erich Schmidt Verlag, Berlin

*Dahms, Max/ Sievers, Rüdiger (2003):* Rolle und Aufgaben von Logistikdienstleistern in unternehmensübergreifenden Versorgungsnetzwerken, GRIN Verlag, München

*Dapiran, Peter et al. (1996):* Third party logistics services usage by large Australian firms, in: International Journal of Physical Distribution and Logistics Management, 26. Jahrgang, Heft 10, S.36-45

*Deiss, Richard (2002):* Statistik kurz gefasst - E-Commerce in Europa, Statistisches Bundesamt Deutschland, Berlin

*Deutscher Industrie- und Handelskammertag in Zusammenarbeit mit Trusted Shops (2010):* Umfrage zur Praxis des Widerrufs im Fernabsatz bei Warenlieferungsverträgen, Trusted Shops GmbH, Köln
http://www.trustedshops.de/shop-info/wp-content/uploads/2010/08/umfrage_widerrufsrecht.pdf
(Stand: 09.07.2012)

*Deutsche Post DHL (2012):* Einkaufen 4.0 – Der Einfluss von E-Commerce auf Lebensqualität und Einkaufsverhalten, Deutsche Post AG, Bonn

*Deutsches Institut für Normung (2009):* DIN 69 901: Definitionen Projekte und Projektmanagement, Deutsches Institut für Normung e.V., Berlin

*DIBS E-Commerce Survey 2010 (2011):* A comprehensive study of European e-commerce – a growth opportunity for merchants, DIPS Payment Services, Kopenhagen, Dänemark

*Diedrichs, Antje (2007):* Der Einsatz von Konktraktlogistikdienstleistern in Supply Chains von Industrie- und Handelsunternehmen. Beweggründe, Strategien, Aufgabenbereiche, GRIN Verlag, Bremen

*Diehm, Sven (2003):* Erfolgspotenzialbasierte Unternehmensbewertung durch Marktvergleich, Tectum Verlag, Marburg

*Döpfer, Benedict C. (2008):* Outsourcing von Geschäftsprozessen: Effizienz versus Innovation?, IGEL Verlag, Hamburg

*Düker, Thomas (2012):* Potenziale und Grenzen des E-Business bei komplexen Produkten im B2B-Bereich, Diplomica Verlag, Hamburg

*ECC Handel (2012): Pressemittleilung* ECC-Konjunkturindex: Online-Händler sind bei der Wahl der Zustellung wenig flexibel, Institut für Handelsforschung, Köln
http://www.ifhkoeln.de/News-Presse/Downloads/ECC-Konjunkturindex/120306-PMOnline-HndlerbeiderWahlderZustellungwenigflexibel.pdf
(Stand: 09.07.2012)

*Eckstein, Aline et al. (2012):* Erfolgsfaktoren im E-Commerce – Deutschlands Top Online Shops, E-Commerce-Center Handel (ECC Handel) c/o IfH Institut für Handelsforschung GmbH, Köln, Reihe „Ausgewählte Studien des ECC Handel", Band 27

*Efendigil, Tuğba u.a. (2008):* A holistic approach for selecting a third-party reverse logistics provider in the presence of vagueness, in: Computers & Industrial Engineering, 54. Jahrgang, Heft 2, S. 269-287

*Emmett, Stuart (2005):* Excellence in Warehouse Management. How to minimize costs and maximize value, John Wiley & Sons, West Sussex, England

*Ensthaler, Jürgen et al. (1997):* Juristische Aspekte des Qualitätsmanagements, Springer Verlag, Berlin/ Heidelberg

*Erbacher, Christian E. (2010):* Grundzüge der Verhandlungsführung, 3. Auflage, vdf Hochschulverlag, Zürich, Schweiz

*Eschlbeck, Daniela (2009):* Die Auswirkungen von Outsourcing im IT-Bereich auf unternehmerische und raumliche Strukturen , Herbert Utz Verlag, München

*Faulstich, Werner (2004):* Grundwissen Medien, 5. Auflage, Wilhelm Fink Verlag, München

*Fischer, Guido/ Wunderer, Wolf (1979):* Humane Personal- und Organisationsentwicklung, Duncker & Humblot, Berlin

*Fisher, Roger et al. (2009):* Das Harvard-Konzept: Der Klassiker der Verhandlungstechnik, Verlag Houghton Mifflin & Co., Boston, Massachusetts, USA

*Fittkau & Maaß Consulting (2007):* Ergebnisse der 24. WWW-Benutzer-Analyse W3B – Second Life – die aktiven Nutzer, in: Webseite von Fittkau & Maaß Consulting GmbH http://www.w3b.org/ergebnisse/w3b24/ (Stand: 11.07.2012)

*Forrester Consulting i. A. von Bazaarvoice und Richrelevance (2011)* in: Internet World Business (2011): Kaufanreiz Kundenurteil, Neue Mediengesellschaft Ulm mbH, München http://www.internetworld.de/content/download/77481/1514912/file/IWB_0411_gesamt_low.p df (Stand: 31.07.2012)

*Frank, Sergey (2010):* Weltspitze – Erfolgs-Know-How für internationale Geschäfte, Haufe-Lexware Verlag, Heidelberg

*Friederici, Ingolf (2003):* Dynamische Qualitätssteigerung durch umfassendes Management von Störfällen, Projekten und Maßnahmen – Unter Berücksichtigung der Normreihe ISO 9000: 2000 – 12, expert Verlag, Renningen

*Frohn, Jan (2006):* Mehrwertleistungen in der Kontraktlogistik, Shaker Verlag, Aaachen

*Führer, Andreas/ Züger, Rita-Maria (2010):* Projektmanagement – Management-Basiskompetenz, 3. Auflage, Compendio Bildungsmedien, Zürich, Schweiz

*Gassmann, Oliver/ Bader, Martin A. (2011):* Patentmanagement – Innovationen erfolgreich nutzen und schützen, 3. Auflage, Springer Verlag, Berlin/ Heidelberg

*Geunes, Joseph et al.. (2005):* Applications of Supply Chain Management and E-Commerce research, Springer Science & Business Media, New York, USA

*Gienke, Helmut/ Kämpf, Rainer (2007):* Handbuch Produktion – Innovatives Produktionsmanagement: Organisation, Konzepte, Controlling, Carl Hanser Verlag, München

*Girmscheid, Gerhard (2010):* Angebots- und Ausführungsmanagement – Leitfaden für Bauunternehmen, 2. Auflage, Springer Verlag, Berlin/ Heidelberg

*Gotsch, Matthias (2011):* Innovationsaktivitäten wissensintensiver Dienstleistungen: Die Markenanmeldung als Indikator, Gabler Verlag, Wiesbaden

*Gronau, Norbert (2004):* Enterprise Resource Planning und Supply Chain Management: Architektur und Funktionen, Oldenbourg Wissenschaftsverlag, München

*Große, Diana (2009):* Innovations- und Projektmanagement: Ein Lehrbuch, Verlag Peter Lang, Frankfurt am Main

24

*Großmann, G./ Kaßmann, M. (2007):* Transportsichere Verpackung und Ladungssicherung, 2. Auflage, expert Verlag, Renningen

*Gudehus, Timm (2007):* Logistik 1: Grundlagen, Verfahren und Strategien, 3. Auflage, Springer Verlag, Heidelberg

*Gudehus, Timm (2007):* Logistik 2: Netzwerke, Systeme und Lieferketten, 3. Auflage, Springer Verlag, Berlin/ Heidelberg

*Gudehus, Timm/ Kotzab, Herbert (2012):* Comprehensive Logistics, 2. Auflage, Springer Verlag, Berlin/ Heidelberg

*Günther, Hans-Otto/ Tempelmeier, Horst (2005):* Produktion und Logistik, 6. Auflage, Springer Verlag, Berlin/ Heidelberg

*Handrich, Wolfgang (2002):* Flexible, flurfreie Materialflusstechnik für dynamische Produktionsstrukturen, Herbert Utz Verlag, München

*Haubrock, Alexander/ Öhlschlegel-Haubrock, Sonja (2009):* Personalmanagement, 2. Auflage, W. Kohlhammer, Stuttgart

*Heiserich, Otto-Ernst et al. (2011):* Logistik: Eine praxisorientierte Einführung, 4. Auflage, Gabler Verlag, Berlin/ Heidelberg

*Hermanns, Arnold/ Sauter, Michael (1999):* Management-Handbuch Electronic Commerce: Grundlagen, Strategien, Praxisbeispiele, Vahlen Verlag, München

*Hermes, Hans Joseph/Schwarz, Gerd (2005):* Outsourcing: Chancen und Risiken, Erfolgsfaktoren, rechtssichere Umsetzung, Rudolf Haufe Verlag, München

*Hertel, Joachim et al. (2011):* Supply-Chain-Management und Warenwirtschaftssysteme im Handel, 2. Auflage, Springer Verlag, Heidelberg

*Heß, Gerhard (2008):* Supply-Strategien in Einkauf und Beschaffung: Systematischer Ansatz und Praxisfälle, Gabler Verlag, Wiesbaden

*Hodel, Marcus et al. (2004):* Outsourcing realisieren: Vorgehen für IT und Geschäftsprozesse zur nachhaltigen Steigerung des Unternehmenserfolgs, Vieweg & Sohn Verlag, Wiesbaden

*Hoffmann, Ralf (2012):* Miebach-Studie: „Buy" setzt sich trotz Insourcing durch, Miebach Consulting GmbH, Frankfurt am Main
http://www.miebach.com/de/news/?news=119cb5e9d33aedd792ce3c8037d645d0
(Stand: 10.07.2012)

*Huang, Diana/ Kadar, Mark (2002):* Third Party Logistics in China: Still a Tough Market, in: Mercer on Travel and Transport, Mercer Management Consulting, New York, USA

*Hygiene und HACCP (2005):* Wareneingangskontrollen: Anforderungen an Wareneingangskontrollen, B. Behr´s Verlag, Hamburg
http://haccp-aktuell.de/upload/doks/Wareneingangskontrolle.pdf
(Stand: 08.07.2012)

*Initiative D21 (2012):* (N)Onliner Atlas 2012: 76 Prozent der Deutschen sind online, Initiative D21 e.V., Berlin
http://www.initiatived21.de/presseinformationen/nonliner-atlas-2012-76-prozent-der-deutschen-sind-online
(Stand: 04.08.2012)

*Jaspers, Wolfgang/ Fischer, Gerrit (2011):* Entscheidungsstrategien in der BWL: Case Studies für Studium und Praxis, Oldenbourg Wissenschaftsverlag, München

*Jauernig, Christian et al. (2005):* Überlebensstrategien für mittelständische Transport- und Logistikdienstleister, Verlag Heinrich Vogel, München

*Jensen, Björn (2002):* Fulfillment deutscher Online-Shops. Empirische Analyse von Anforderungen und Potenzialen, Edition E-Business und Logistik, Books on Demand, Berlin

*Kämpf, Rainer (2006):* Kriterien der Lieferantenbewertung, EBZ Beratungszentrum GmbH, Stuttgart
http://www.ebz-beratungszentrum.de/logistikseiten/artikel/liekrit.html
(Stand: 09.07.2012)

*Kallweit, Angela/ Fortmann, Klaus-Michael (2007):* Logistik, 2. Auflage, W. Kohlhammer, Stuttgart

*Kamiske, Gerd F./ Brauer, Jörg-Peter (2008):* Qualitätsmanagement von A bis Z, 6. Auflage, Carl Hanser Verlag, München

*Kieser, Alfred/ Ebers, Mark (2006):* Organisationstheorien, 6. Auflage, Kohlhammer Verlag, Stuttgart

*Klaus, Peter/ Krieger, Winfried (2008):* Gabler Lexikon Logistik, 4. Auflage, GWV Fachverlage, Wiesbaden

*Kleine, Barry (2009):* Was ist Zuverlässigkeit? Das Paradigma der Zuverlässigkeit im Wandel, ABB Process Automation, South Asia Service, Rotura, Neuseeland

http://library.abb.com/global/scot/scot271.nsf/veritydisplay/af460e194f24fe8dc125759300514
948/$File/34-37%201M947_GER72dpi.pdf
(Stand: 10.07.2012)

*Klose, Armin (2010):* Anteil der Unternehmen mit Online-Verkäufen verdoppelt sich, Statistisches Bundesamt, Wiesbaden
https://www.destatis.de/DE/PresseService/Presse/Pressemitteilungen/2010/11/PD10_399_529
11.html
(Stand: 01.07.2012)

*Klug, Florian (2010):* Logistikmanagement in der Automobilindustrie: Grundlagen der Logistik im Automobilbau, Springer Verlag, Berlin/ Heidelberg

*Koch, Jan (2010):* Qualitätsmanagement in Logistikunternehmen: Eine empirische Untersuchung, Band 3, Reihe: Supply Chain, Logistics and Operations Management, JOSEPH EUL Verlag, Lohmar/ Köln

*Köhler-Frost, Wilfried/ Bergweiler, Uwe (2005):* Outsourcing: Schlüsselfaktoren der Kundenzufriedenheit, 5. Auflage, Erich Schmidt Verlag, Berlin

*Koether, Reinhard (2012):* Distributionslogistik: Effiziente Absicherung der Lieferfähigkeit, Gabler Verlag, Wisbaden

*Kopsidis, Rallis M. (1997):* Materialwirtschaft: Grundlagen, Methoden, Techniken, Politik, 3. Auflage, Carl Hanser Verlag, München/ Wien

*Krause, Eric (2008):* Methode für das Outsourcing in der Informationstechnologie von Retail Banken, Logos Verlag, Berlin

*Krumbach-Mollenhauer, Peter/ Lehment, Thomas (2010):* Führen mit Psychologie: Menschen effizient und erfolgreich führen, WILEY-VCH Verlag, Weinheim

*Kühn, Wolfgang/Grell, Martin (2004):* JDF – Prozessintegration, Technologie, Produktdarstellung, Springer Verlag, Berlin/ Heidelberg

*Kühnberger, Manfred (2007):* IFRS-Leitfaden Mittelstand: Grundlagen, Einführung und Anwendung der Internationalen Rechnungslegung, Erich Schmidt Verlag, Berlin

*Kuhn, Axel/ Hellingrath, Bernd (2002):* Supply Chain Management. Optimierte Zusammenarbeit in der Wertschöpfungskette, Springer Verlag, Berlin/ Heidelberg

*Kunschert, Martin (2009):* Der Kundenwert im Industriegütermarketing, Kölner Wissenschaftsverlag, Köln

*Lange, Volker (2007):* Aktuelle Logistikentwicklungen und Anforderungen an den Online-Handel, Fraunhofer Institut für Materialfluss und Logistik, München
http://www.logistik-heute.de/sites/default/files/logistik-heute/fachforen/02_lange.pdf
(Stand: 11.07.2012)

*Langley, John C. et al. (2005):* 2005 Third Party Logistics: Results and findings of the 10th Annual Study, Capgemini Deutschland Holding GmbH, Deutschland

*Laudon, Kenneth C. et al. (2010):* Wirtschaftsinformatik – eine Einführung, 2. Auflage, Pearson Education Deutschland GmbH, München

*Leahy, Steven E. et al. (1995):* Determinants of Successful Logistical Relationships: A Third-Party Provider Perspective, in: Transportation Journal, 35. Jahrgang, Heft 22, S.5-13

*Lieb, Robert C. et al. (1993):* Third Party Logistics Services: A Comparison of Experienced American and European Manufacturers, in: International Journal of Physical Distribution and Logistics Management, 23. Jahrgang, Heft 6, S.35-44

*Liu, Hao-Tien/Wang, Wei-Kai (2009):* An integrated fuzzy approach for provider evaluation and selection in third-party logistics, in: Expert Systems with Applications, 36. Jahrgang, Heft 3, S. 4387-4398

*Lucks, Kai/ Meckl, Reinhard (2002):* Internationale Mergers & Acquisitions. Der Prozessorientierte Ansatz, Springer Verlag Berlin/ Heidelberg

*Lücke, Michael (2012):* Logistik-Outsourcing – Angebotserstellung, Fraunhofer-Institut für Materialfluss und Logistik IML, Dortmund
http://www.iml.fraunhofer.de/de/themengebiete/unternehmensplanung/logistik_outsourcing/logistik_outsourcing_angebot.html
(Stand: 10.07.2012)

*Lynch, Richard/ Cross, Kelvin F. (1995):* Measure Up! Yardsticks for Continuous Improvement, 2. Auflage, Blackwell Publishers, Malden Massachusetts, USA

*Mathar, Hans-Joachim/ Scheuring, Johannes (2009):* Unternehmenslogistik: Grundlagen für die betriebliche Praxis mit zahlreichen Beispielen, Repititionsfragen und Antworten, Compendio Bildungsmedien, Zürich, Schweiz

*Mathar, Hans-Joachim/ Scheuring, Johannes (2011):* Logistik für technische Kaufleute und HDW, 2. Auflage, Compendium Bildungsmedien, Zürich, Schweiz

*Mau, Markus (2003):* Supply Chain Management: Prozessoptimierung entlang der Wertschöpfungskette, WILEY-VCH Verlag, Weinheim

*McIvor, Ronan (2002):* The Outsourcing Process: Strategies for Evaluation and Management, Cambridge University Press, Cambridge, Vereinigtes Königreich

*Meade, Laura/ Sarkis, Joseph (2002):* A conceptual model for selecting and evaluating third-party reverse logistics providers, in: Supply Chain Management: An International Journal, 7. Jahrgang, 5. Heft, S.283-295

*Meckl, Reinhard (1999):* Personalarbeit und Outsourcing, Datakontext Verlag, Frechen

*Meier, Andreas/ Stormer, Henrik (2008):* eBusiness & eCommerce : Management der digitalen Wertschöpfungskette, 2. Auflage, Springer Verlag, Berlin/Heidelberg

*Menon, Mohan K. et al. (1998):* Selection criteria for providers of third-party logistics services: An exploratory study, in: Journal of Business Logistics, 19. Jahrgang, Heft 1, S.121-137

*Möller, Klaus (2006):* Wertschöpfung in Netzwerken, Verlag Franz Vahlen, München

*Möller, Thor/ Dörrenberg, Florian (2003):* Projektmanagement, Oldenbourg Wissenschaftsverlag, München

*Moberg, Christopher R./ Speh, Thomas (2004):* Third-Party Warehousing Selection: A Comparison of National and Regional Firms, in: Mid-American Journal of Business, 19. Jahrgang, Heft 2, S.71-76

*Momme, Jesper/ Hvolby, Hans-Henrik (2002):* An outsourcing framework: action research in the heavy industry sector, in: Journal of Purchasing & Supply Management, Jahrgang 8, Heft 4

*Müller-Dauppert, Bernd (2005):* Logistik-Outsourcing. Ausschreibung, Vergabe, Controlling, Verlag Heinrich Vogel, München

*Müller-Dauppert, Bernd/ Stoll, Martin (2006):* Mit Ausschreibungen gewinnen, Verlag Heinrich Vogel, München

*Nettesheim, Christoph et al. (2003):* Business Process Outsourcing – aber richtig!, in: Information Management & Consulting, 18. Jahrgang, Heft 3, S.24-30

*Neumann, Bruce R. et al. (2004):* Cost Management Using ABC for IT Activities and Services, Management Accounting Quarterly, 6. Jahrgang, Heft 1, S. 29 - 40

*Nollau, Hans-Georg/Neumeier, Matthias (2010):* Logistikfallstudien und Risikomanagement, Band 15, Reihe: Economy and Labour, JOSEF EUL Verlag, Lohmar/ Köln

*Opuchlik, Adam (2005):* E-Commerce-Strategie: Entwicklung und Einführung, Books on Demand GmbH, Norderstedt

*Palfrey, John/ Gasser, Urs (2008):* Born digital: Understanding the first generation of Digital Natives, Basic Books, New York, USA

*Paul, Stephan/ Stein, Stefan (2002):* Rating, Basel II und die Unternehmensfinanzierung, Bank-Verlag Köln, Köln

*Peters, Malte L./ Zelewski, Stephan (2002):* Analytical Hierarchy Process (AHP) – dargestellt am Beispiel der Auswahl von Projektmanagement-Software zum Multiprojektmanagement, Institut für Produktion und Industrielles Informationsmanagement, Universität Essen

*Peters, Paul (2011):* Reputationsmanagement im Social Web: Risiken und Chancen von Social Media Unternehmen, Reputation und Kommunikation, Social Media Verlag, Köln

*Pfeifer, Tilo (2001):* Qualitätsmanagement: Strategien, Methoden, Techniken, 3. Auflage, Carl Hanser Verlag, München/ Wien

*Pfohl, Hans-Christian (1992):* Unternehmensführung und Logistik – Total Quality Management in der Logistik, Erich Schmidt Verlag, Berlin

*Pfohl, Hans-Christian (2010):* Logistiksysteme: Betriebswirtschaftliche Grundlagen, 8. Auflage, Springer Verlag, Berlin/ Heidelberg

*Picot, Arnold (1991):* Ein neuer Ansatz zur Gestaltung der Leistungstiefe, in: Zeitschrift für betriebswirtschaftliche Forschung, 43. Jahrgang, Heft 4, S. 336-357

*Pierre Audoin Consultants im Auftrag der Comach Software und Beratung AG (2011):* Herausforderungen an die IT im Online-Handel: Anforderungen an Warenwirtschaftssysteme, Comarch AG, Dresden

*Pietsch, Thomas/ Lang, Corinna V. (2007):* Ressourcenmanagement. Umsetzung, Effizienz und Nachhaltigkeit mit IT, Erich Schmidt Verlag, Berlin

*Pillkahn, Ulf (2012):* Innovationen zwischen Planung und Zufall: Bausteine einer Theorie der bewussten Irritation, Books on Demand, Norderstedt

*Possekel, Marc (2008):* Ausschreibungen in der Logistik: Planung, Praxis, Potenziale, Verlag Heinrich Vogel, München

*Preuß, Thomas (2012):* Zehn ungelernte Kommissionierer sind oft billiger als ein neues Anlagenlayout, Konradin Verlag R. Kohlhammer, Leinfelden-Echterdingen

*PROTRANS (2002):* Role of third party logistics service providers and their impact on transport, deliverable Nr. 6, Buck Consultants International
http://www.transport-research.info/Upload/Documents/200607/20060727_154949_55762_PROTRANS_final_repo rt.pdf
(Stand:03.07.2012)

*Pütz, Heinz C. (2005)*: Checklisten Forderungsmanagement, Verlagsgruppe Hüthig Jehle Rehm, Heidelberg

*Qureshi, M. N./Kumar, Pradeep (2008):* An integrated model to identify and classify the key criteria and their role in the assessment of 3PL services providers, in: Asia Pacific Journal of Marketing and Logistics, 20. Jahrgang, Heft 2, S. 227-249

*Rahn, Klaus-Peter (2002):* E-Commerce B2C und Logistikstrukturen. Erste Umsetzung logistischer Schlüsselkomponenten zur Realisierung des physischen Warenstroms, Publikation des Instituts für Fördertechnik und Logistik der Universität Stuttgart, Stuttgart

*Reichert, Till (2005):* Outsourcing interner Dienste: Agenturtheoretische Analyse am Beispiel von Personalleistungen, Deutscher Universitätsverlag, Wiesbaden

*Robben, Matthias (2001):* Retouren: Keinesfalls ein Rückschritt, ECIN Magazin, Essen
http://www.ecin.de/shops/online-retouren/
(Stand: 09.07.2012)

*Roberts, K. (1994): Choosing a quality contractor, in: Kannan, Govindan u.a. (2011):* Selection of third-party reverse logistics provider using fuzzy extent analysis, in: Benchmarking: An International Journal, Jahrgang 18, Heft 1, S.149-167

*Rommelfanger, Heinrich J./ Fickemeier, Susanne H. (2002):* Entscheidungstheorie: Klassische Konzepte und Fuzzy-Erweiterungen, Springer Verlag, Berlin/ Heidelberg

*Rüter, Andreas et al. (2010):* IT-Governance in der Praxis, 2. Auflage, Springer Verlag, Berlin/ Heidelberg

*Schels, Ignatz (2008):* Projektmanagement mit Excel 2007, Addison-Wesley Verlag, München

*Schiek, Arno (2008):* Internationale Logistik. Objekte, Prozesse und Infrastrukturen grenzüberschreitender Güterströme, Oldenbourg Wissenschaftsverlag, München

*Schirmbacher, Martin (2011):* Online-Marketing und Recht, Hüthig Jehle Rehm, Heidelberg

*Schöneberg, Ulrich (2010):* Prozessexzellenz im HR-Management: Professionelle Prozesse mit dem HR-Management Maturity Model, Springer Verlag, Berlin/ Heidelberg

Schreyer, Maximilian (2007): Entwicklung und Implementierung von Performance Measurement Systemen, Deutscher Universitätsverlag, Wiesbaden

*Schulte, Gerd (2001):* Material- und Logistikmanagement, 2. Auflage, Oldenbourg Wissenschaftsverlag, München

*Seemüller, Stefan (2006):* Durchsatzberechnung automatischer Kleinteilelager im Umfeld des elektronischen Handels, Herbert Utz Verlag, München

*Siek, Marus (2012):* Logistik-Special: Retourenmanagement, in: webselling, DATA Zeitschriften Verlag, Düsseldorf, 8. Jahrgang, Heft 2, S.42-44

*Smerling, Frank-Bodo (2008):* Der Einfluss von E-Commerce auf die aktuelle und zukünftige Entwicklung des zentralörtlichen Systems im ländlichen Raum, Kassel University Press, Kassel

*Söbbing, Thomas (2010):* IT/IP-Rechte im Unternehmenskauf: Leitfaden für Information Technology & Software Transfer bei Merger & Acquisitions, Diplomica Verlag, Hamburg

*Soh, SoonHu (2009):* A decision model for evaluating third-party logistics providers using fuzzy analytic hierarchy process, Wonkwang University, Südkorea
http://www.academicjournals.org/Ajbm/PDF/pdf2010/Mar/Soh.pdf
(Stand: 09.07.2012)

*Sommerlad, Klaus W. (1993):* Vertragsgestaltung beim Outsourcing in der Informationsverarbeitung, in: Köhler-Frost, Wilfried ( 2000): Outsourcing: Eine strategische Allianz besonderen Typs, 4. Auflage, Erich Schmidt Verlag, Berlin S. 281-300

*Sople, Vinod V. (2007):* Logistics Management. The Supply Chain Integrative, Dorling Kindersley, Delhi, India

*Spencer, Michael S. et al. (1994):* JIT Systems and External Logistics Suppliers, in: International Journal of Operations & Production Management, 14. Jahrgang, Heft 6, S. 60-74

*Stähler, Patrick (2001):* Geschäftsmodelle in der digitalen Ökonomie, Reihe: Electronic Commerce, Band 7, JOSEPH EUL Verlag, Lohmar/ Köln

*Stahl, Ernst et al. (2009):* E-Commerce-Leitfaden: Erfolgreicher im elektronischen Handel, 2. Auflage, ibi research Universitätsverlag Regensburg, Regensburg

*Statista & EHI Retail Institute (2011):* E-Commerce-Markt 2011, EHI Retail Institute GmbH, Köln

http://www.ehi.org/geschaeftsbereiche/forschung/e-commerce/marktstudie.html
(Stand: 27.07.2012)

*Staudt, Erwin (2001) in: Bächle, Michael/ Lehmann, Frank R. (2010):* E-Business – Grundlagen elektronischer Geschäftsprozesse im Web 2.0, Oldenbourg Verlag GmbH, München

*Sterzel, Jeannine (2010):* Bewertungs- und Entscheidungsrelevanz der Humankapitalberichterstattung, Gabler Verlag, Wiesbaden

*Stetter, Alfred (2012): Expertenbefragung, Stetter Consulting Logistics & Organisation, Augsburg*

*Steven, Marion (2007):* Handbuch Produktion. Theorie – Management – Logistik – Controlling, W. Kohlhammer, Stuttgart

*Stölzle, Wolfgang et al. (2007)*: Handbuch Kontraktlogistik – Management komplexer Logistikleistungen, Wiley-VCH Verlag, Weinheim

*Stolle, Ralf/ Herrmann, Michael (2006):* Angebotsmanagement professionell: Erfolgreich vom Angebot bis zum Vertragsabschluss, Erich Schmidt Verlag, Berlin

*Straube, Frank (2004):* e-Logistik. Ganzheitliches Logistikmanagement, Springer Verlag, Berlin/ Heidelberg

*Strauss, Sarah C. (2011):* Neukundengewinnung und Kundenbindung im Internethandel unter Berücksichtigung rechtlicher Aspekte: Potenziale, Maßnahmen und Gefahren, Diplomica Verlag, Hamburg

*Sure, Matthias (2011):* Moderne Controlling-Instrumente : Bewährte Konzepte für das operative und strategische Controlling, Verlag Vahlen, München

*Tamm, Gerrit/ Günther, Oliver (2005):* Webbasierte Dienste: Technologien, Märkte und Geschäftsmodelle, Physica-Verlag, Heidelberg

*Ten Hompel, Michael/ Schmidt, Thorsten (2005):* Warehouse Management: Automatisierung und Organisation von Lager- und Kommissioniersystemen, 2. Auflage, Springer Verlag, Berlin/ Heidelberg

*Tho, Ian (2005):* Managing the risks of IT Outsourcing, Elsevier Butterworth-Heinemann, Burlington, Massachusetts, USA

*Thurner, Benjamin (2010):* Outosurcing von Logistikprozessen: Eine kritische Analyse bestehender Konzepte und ihrer praktischen Relevanz, GRIN Verlag, Noderstedt

*Töpfer, Armin (2007):* Betriebswirtschaftslehre: Anwendungs- und prozessorientierte Grundlagen, 2. Auflage, Springer Verlag, Berlin/ Heidelberg

*Ullmann, Werner (2002):* Technische Systeme der Logistik, TFH Berlin, Berlin

*Vagadia, Bharat (2012):* Strategic Outsourcing. The Alchemy to Business Transformation in a Globally Converged World, Springer Verlag, Berlin/ Heidelberg

*Vahrenkamp, Richard (2005):* Logistik. Management und Strategien, 5. Auflage, Oldenbourg Wissenschaftsverlag, München

*VDI Richtlinie: VDI Handbuch technische Logistik Band 8 (2006):* Methoden zur materialflußgerechten Zuordnung von Betriebsbereichen und –mitteln, Verein deutscher Ingenieure, Düsseldorf

*von Jouanne-Diedrich, Holger (2004):* 15 Jahre Outsourcing-Forschung: Systematisierung und Lessons Learned, in: Zarnekow, Rüdiger et al. (2004): Informationsmanagement: Konzepte und Strategien für die Praxis, Dpunkt Verlag, Heidelberg, S. 125-133

*Voß, Oliver (2009):* Die sieben größten Fehler in Verhandlungen, Wirtschaftswoche Online der Verlagsgruppe Handelsblatt, Düsseldorf
http://www.wiwo.de/erfolg/trends/ratgeber-die-sieben-groessten-fehler-in-verhandlungen/5574408.html
(Stand: 10.07.2012)

*Wannenwetsch, Helmut (2005):* Vernetztes Supply Chain Management. SCM-Integration über die gesamte Wertschöpfungskette, Springer Verlag, Berlin/ Heidelberg

*Wannenwetsch, Helmut (2010):* Integrierte Materialwirtschaft und Logistik, 4. Auflage, Springer Verlag, Berlin/ Heidelberg

*Weber, Rainer (2009)*: Zeitgemäße Materialwirtschaft mit Lagerhaltung: Flexibilität, Lieferbereitschaft, Bestandsreduzierung, Kostensenkung – Das deutsche Kanban, 9. Auflage, expert Verlag, Renningen

*Weber, Jürgen (1995):* Logistik-Controlling. Leistungen, Prozeßkosten, Kennzahlen, Schäffer-Poeschel Verlag, Stuttgart

*Weber, Jürgen/ Engelbrecht, Christoph (2002):* Outsourcing - In fremden Händen, in: Logistik Heute, 24. Jahrgang, Heft 9, S.38-39

*Weber, J. et al. (2012):* Logistik-Controlling mit Kennzahlensystemen, Kühne-Institut für Logistikmanagement in Zusammenarbeit mit dem Institut für Management und Controlling der WHU, im Auftrag der Bundesvereinigung Logistik, Bremen

*Williams, Martin (2005):* An Invitation to Tender checklist, The Chartered Institute of Logistics and Transport (UK), Northamptonshire, England

*Wilkens, Frederik (2011):* Analysemethoden zur Beurteilung von Unternehmenskunden im Rahmen der Fremdfinanzierung am Kapitalmarkt, GRIN Verlag, München

*Wisser, Jens (2011):* Der Prozess Lagern und Kommissionieren im Rahmen des Distribution Center Reference Model (DCRM), Universitätsverlag Karlsruhe, Karlsruge

*Wolf, Rainer-Johannes (2010):* Risikoorientiertes Netzwerkcontrolling: Bestimmung der Risikoposition von Unternehmensnetzwerken und Anpassung kooperationsspezifischer Controllinginstrumente an die Anforderungen des Risikomanagements, JOSEF EUL Verlag, Lohmar/ Köln

*Young, Scott T. (2010):* Essentials of Operations Management, Sage Publications, Thousand Oaks, California, USA

*Zadek, H. (2001):* Strategische Neuausrichtung von Logistikdienstleistern – Steuerung globaler Produktions- und Distributionsnetzwerke, in: Industrie Management, 17. Jahrgang, Heft 3, Berlin, S.28-31

*Zahn, Erich et al. (2007 a):* Leitfaden zum Outsourcing von Dienstleistungen: Informationen für die Praxis, Betriebswirtschaftlichen Institut der Universität Stuttgart i.A. von der Industrie- und Handelskammer Baden-Württemberg, Stuttgart

*Zahn; Erich u.a. (2007 b)*: Outsourcing von Dienstleistungen: Ergebnisse einer Unternehmensbefragung der Industrie- und Handelskammern in Baden-Württemberg,

Betriebswirtschaftlichen Institut der Universität Stuttgart i.A. von der Industrie- und Handelskammer Baden-Württemberg, Stuttgart

*Zarnekow, Rüdiger (2004):* Informationsmanagement: Konzepte und Strategien für die Praxis, dpunkt Verlag, Heidelberg

*Zibell, Ralf (2011):* Gefahren in der Distributionslogistik – Eine Risikoanalyse -, Gesamtverband der deutschen Versicherungswirtschaft e.V., Berlin

http://www.tis-gdv.de/tis/tagungen/svt/svt01/zibell1/zibell1.htm#11

(Stand: 08.07.2012)

*Zilkens, Stephan (2008):* Risikomanagement bei Ausschreibungen, in: *Possekel, Marc (2008):* Ausschreibungen in der Logistik: Planung, Praxis, Potenziale, Verlag Heinrich Vogel, München

*Zimmer, Torsten (2011):* Prozessintegration mit SAP NetWeaver PI 7.1, Vieweg+Teubner Verlag, Wiesbaden

Mehr zu diesem Thema finden Sie in „Outsourcing von Logistikdienstleistungen im B2C E-Commerce" von Franziska Stallmann. ISBN: 978-3-656-38499-1

http://www.grin.com/de/e-book/210472/

# BEI GRIN MACHT SICH IHR WISSEN BEZAHLT

- Wir veröffentlichen Ihre Hausarbeit,
  Bachelor- und Masterarbeit

- Ihr eigenes eBook und Buch -
  weltweit in allen wichtigen Shops

- Verdienen Sie an jedem Verkauf

## Jetzt bei www.GRIN.com hochladen und kostenlos publizieren